PADRE VINÍCIUS PONCIANO

Refletindo as Dores de Maria com Santo Afonso

Setenário das Dores
de Nossa Senhora

EDITORA
SANTUÁRIO

Dados Internacionais de Catalogação na Publicação (CIP) de acordo com ISBD

P795r Ponciano, Vinícius

Refletindo as dores de Maria com Santo Afonso: Setenário das dores de Nossa Senhora / Vinícius Ponciano. - Aparecida : Editora Santuário, 2023.
80 p. ; 10cm x 15cm.

ISBN: 978-65-5527-267-3
ISBN: 978-65-5527-285-7 (e-book)

1. Religião. 2. Cristianismo. 3. Maria. 4. Santo Afonso. I. Título.

CDD 240
2022-3501 CDU 24

Elaborado por Vagner Rodolfo da Silva - CRB-8/ 9410

Índice para catálogo sistemático :
1. Religião : Cristianismo 240
2. Religião : Cristianismo 24

2ª impressão

Rua Pe. Claro Monteiro, 342 – 12570-045 – Aparecida-SP
Tel.: 12 3104-2000 – Televendas: 0800 - 0 16 00 04
www.editorasantuario.com.br
vendas@editorasantuario.com.br

Dedicatória e agradecimento

Dedico esta obra de espiritualidade e devoção a Maria Lúcia por seu dedicado e infinito amor a Maria, a Mãe do Belo Amor e da Divina Misericórdia.

Apresentação

Refletir sobre cada uma das sete dores de Maria, não somente na manhã do Sábado Santo, mas durante todo o ano, é, certamente, uma prática de devoção mariana bastante edificante. Maria, elevada à dignidade de Mãe de Deus, com justa razão, ensina-nos que o caminho para a ressurreição passa pela Cruz. Assim sendo, é imprescindível que todos nós, devotos da Santíssima Virgem Maria, em busca de compaixão no sofrimento, recorramos a Maria como a Mãe das Dores. Em todos os momentos, principalmente naqueles mais dolorosos de nossa vida, nós podemos rezar com ela dizendo: "Minha alma engrandece o Senhor (...), pois o Todo-Poderoso fez em mim maravilhas" (Lc 1,46.49).

A imagem de Maria como Mãe das Dores tem raízes fortes na piedade tradicional de muitos fiéis. Ela, com quem e para quem rezamos, não é para seus devotos meramente um símbolo. Ao contrário, é um agente pessoal na vida de todos e a Medianeira de todas as graças. A oração mais popular na qual os devotos se ligam a Maria é o Terço. No entanto podemos chegar a ela por meio de outras vias, como, por exemplo, refletindo sobre cada uma de suas sete dores. Elas nos ajudam a revisar nossa vida pessoal, para que possamos dar sempre, à luz da oração de petição, da meditação e dos momentos fecundos de contemplação, uma resposta a Deus.

Até o presente momento, lamentavelmente, a reflexão sobre cada uma delas tem sido feita tão somente na manhã do Sábado Santo. Desejoso de oferecer um pouco mais de conteúdo a essa prática devocional e piedosa de nosso povo, apresento-lhes esta obra, que pretende informar aos devotos que Maria recompensa a veneração de cada uma de suas sete dores.

Faremos a *Via Crucis* de Maria, à luz da fé, da espiritualidade e da devoção de Santo Afonso Maria de Ligório. Grande é o amor de Maria por nós, sendo assim, ela merece toda a nossa gratidão. Mostremo-la ao menos pela reflexão, meditação e compaixão de suas dores. Dizem que certa vez a Santíssima Virgem Maria queixou-se pessoalmente a Santa Brígida: "Poucos são os que dela se compadecem, sendo que a maior parte dos homens vivem esquecidos de suas aflições. Recomendou-lhe em seguida, com muita insistência, que delas guardasse contínua memória".

Quanto é agradável a Maria essa reflexão ou meditação diária de suas dores! Muito caras são as lágrimas que ela derramou por causa da Paixão e Morte de seu amado Filho no madeiro da Cruz.

> Jesus prometeu graças extraordinárias aos devotos das dores de Maria (...) São João Evangelista, depois da Assunção da Senhora, muito desejava revê-la. Obteve com eveito essa graça, e sua Mãe querida apareceu-lhe em companhia de Jesus Cristo. Ouviu em seguida Maria pedir ao Filho algumas graças especiais para os devotos de suas dores e Jesus prometer quatro principais graças. Ei-las: 1. esses devotos terão a graça de fazer verdadeira penitência por todos os seus pecados, antes da morte; 2. Jesus guardá-los-á em todas as tribulações em que acharem, especialmente na hora da morte; 3. ele lhes imprimirá no coração a memória de sua Paixão, dando-lhes depois um prêmio especial no céu; 4. por fim os deixará nas mãos de sua Mãe para que deles disponha a seu agrado e lhes obtenha todos e quaisquer favores.

Levando em consideração os aspectos acima mencionados, é indispensável que todos os devotos da Santíssima Virgem Maria, a Mãe das Dores, tomem a devida consciência de quanto é útil à salvação eterna meditar sobre cada uma das dores de Maria.

PREPARANDO O AMBIENTE PARA MELHOR REZAR

O dono (a dona) da casa pode montar um pequeno altar na sala, ou em um outro lugar apropriado, contendo o crucifixo, a imagem da Santíssima Virgem Maria, a Bíblia e uma vela acesa, que representa o Espírito Santo no meio de nós.

Oração inicial

D.: Em nome do Pai, do Filho e do Espírito Santo.
T.: Amém.
D.: Abri, Senhor, nossa boca para bendizer vosso Santo Nome: purificai também nosso coração de todos os vãos, maus e alheios pensamentos; iluminai a inteligência, inflamai a vontade para que digna, atenta e devotamente possamos fazer este setenário e merecermos ser atendidos na presença de vossa Divina Majestade. Por Cristo nosso Senhor.
T:. Amém.
D.: Deus, vinde em nosso auxílio!
T.: Senhor, socorrei-nos e salvai-nos!

D.: Glória ao Pai e ao Filho e ao Espírito Santo.
T.: Como era no princípio agora e sempre. Amém.
D:. Invoquemos sobre nós, com fé, as luzes e as bênçãos do Espírito Santo.
D.: Vinde, Espírito Santo,
T.: enchei os corações dos vossos fiéis e acendei neles o fogo do vosso amor.
D.: Enviai o vosso Espírito e tudo será criado.
T.: E renovarei a face da terra.
D.: Oremos:
Ó Deus, que instruístes os corações de vossos fiéis com a luz do Espírito Santo, fazei que apreciemos retamente todas as coisas, segundo o mesmo Espírito, e gozemos sempre de sua consolação. Por Cristo, Senhor nosso.
T.: Amém.
D.: Ó Virgem sem mancha,
T.: cheia de amargura, eu, a criatura mais indigna de estar na vossa presença, vos suplico que ilustreis o meu entendimento e inflameis a minha vontade, para que, com espírito fervoroso e compassivo, contemple, neste exercício, as vossas sete dores e, por meio delas, eu consiga o prêmio que Deus tem prometido aos que as meditam. Amém.

1º DIA

Primeira dor: Maria acolhe a profecia de Simeão

Texto Bíblico (Lc 2,33-35)

"Seu pai e sua mãe estavam maravilhados com as coisas que dele se diziam. Simeão os abençoou e disse a Maria, sua mãe: 'Este menino vai causar a queda e a elevação de muitos em Israel; ele será um sinal de contradição; a ti própria, uma espada te transpassará a alma, para que se revelem os pensamentos de muitos corações'."

José e Maria, segundo a lei de Moisés, levaram Jesus a Jerusalém para apresentá-lo a Deus, conforme estava escrito na Lei: "Todo primogênito do sexo masculino seja consagrado ao Senhor" (Lc 2,23). José e Maria estavam felizes, quando, de repente, foram surpreendidos com as palavras de Simeão a respeito do que iria acontecer com Jesus. Maria, ao tomar conhecimento dos pormenores da Paixão de Jesus, nosso amoroso Redentor, foi coroada com uma coroa de amargura. Uma dor tão amarga penetrou profundamente sua alma. Não foram os golpes dos algozes que dilaceraram seu corpo, mas sim a Paixão de seu amado Filho. Sendo assim, consideremos, pois, o sofrimento de Maria, nossa Mãe dolorosa. Sua alma, transpassada e dilacerada pela Paixão de Jesus, sentiu, *"porque amava a vida do Filho muito mais do que a própria vida"*, foi sacrificada pela compaixão. A todo momento, como Maria, somos acometidos por uma notícia ruim, que muito nos entristece e nos abala. Entretanto devemos ter sempre fé em Deus. Ele sempre fortalece aqueles que invocam o seu santo nome.

Sabemos que os sofrimentos dos filhos são, igualmente ou até mais, os sofrimentos das mães. Por isso, como todas as mães amorosas, Maria sentiu em seu corpo todos os tormentos, açoites, espinhos, cravos e a Cruz de seu amado Filho. A profecia de Simeão mudou toda a alegria de Maria em tristeza. Jesus, inocente, virtuoso e belo, tornou-se para Maria, a Mãe da Dores, um ramalhete de mirra e de dores. Quanto mais Maria amava seu Filho, mais dor ela sentia. Quanto mais se aproximava o tempo da Paixão, mais cruelmente a espada, predita por Simeão, atravessava seu coração materno e dilacerava sua alma; mas ela não se desesperou. Sofreu, entristeceu e chorou. No entanto não desistiu de Deus. A seu exemplo, na alegria e na tristeza, tenhamos sempre fé no Senhor nosso Deus.

Para refletir

Nos momentos difíceis, na hora de sua Paixão, você entra em desespero ou se coloca, como Maria, diante da vontade de Deus, sacrificando-se, assim, para a glória de Deus e o bem de nossos irmãos?

D.: Oremos com Santo Afonso a Maria, Mãe das Dores, dizendo:
T.: Ó minha bendita Mãe, não só uma espada, porém tantas quantas foram os meus pecados, tenho eu acrescentado ao vosso coração. Não a vós, que sois inocente, minha Senhora, mas a mim, réu de tantos delitos, são devidas as penas. Já que contudo quisestes sofrer tanto por meu amor, impetrai-me pelos vossos merecimentos uma grande dor de minhas culpas e a paciência necessária para sofrer os trabalhos desta vida. Por maiores que sejam, sempre serão leves em comparação dos castigos, que tenho merecido, e de meus pecados, que me têm tornado tantas vezes digno do inferno. Amém.

D.: Em memória da primeira dor e aflição que padeceu Maria Santíssima, a Mãe das Dores, quando, oferecendo seu Filho no Templo, ouviu dizer do velho Simeão que uma espada de dor havia de transpassar seu coração (cf. Lc 2,34), rezemos, humildemente, um Pai-nosso e sete Ave-Marias por nossa conversão e santificação pessoal, e por todas as pessoas que estão sofrendo ou passando por grandes aflições.

T.: Pai nosso...

T.: Ave, Maria...

2º DIA

Segunda dor: Maria foge para o Egito com Jesus e José

Texto Bíblico (Mt 2,13-15)
"Depois que partiram, um anjo do Senhor apareceu em sonho a José e lhe disse: 'Levanta-te, toma o menino e a mãe dele e foge para o Egito. Fica lá até eu te avisar, porque Herodes vai procurar o menino para matá-lo'. José levantou-se, tomou de noite o menino e a mãe dele e partiu para o Egito. Ficou lá até a morte de Herodes, para se cumprir o que o Senhor falara pelo profeta, com as palavras: 'Do Egito, chamei meu filho'."

Com a profecia de Simeão, iniciou-se o vale de lágrimas de Maria. Naquele exato momento, o próprio Jesus tornou-se para sua Mãe uma espada de dor. Maria foi ferida no fundo de sua alma com a seta cruel da Paixão de seu Filho, nosso amado Redentor. Consideremos agora a segunda espada de dor, que feriu o coração de nossa mãe, quando fugiu para o Egito, a fim de livrar o Deus-Menino da perseguição de Herodes.

Jesus, o Messias, mal acabara de nascer, e Herodes já queria matá-lo. Que pesar para o coração de Maria: querem matar seu Filho! A Mãe aflita, para poder salvá-lo das garras do ímpio rei, foi obrigada a viver no cruel exílio, que é sempre um lugar de sofrimento e de distanciamento forçado. A vida no exílio é triste e solitária. Maria, por amor a seu Filho, sujeitou-se a essa cruel realidade. Uma Mãe amorosa é capaz de fazer qualquer coisa para salvar seu fruto.

Dessa forma, Maria, Mãe amabilíssima, segundo São Pedro Crisólogo, "deixou seus parentes e amigos para viver ao lado de estranhos, deixou o templo do verdadeiro Deus e passou a habitar na terra dos ímpios". Dizem que Maria se desgastou muito nessa longa viagem da Judeia ao Egito. Fala-se de mais de cem horas de caminhada. Quanto sacrifício uma mãe é capaz de fazer!

O caminho desconhecido é sempre péssimo. Quando estamos longe de Deus, dos parentes e dos amigos, os caminhos se tornam, inevitavelmente, alagados e lamacentos. Por causa da perversidade de Herodes, Maria foi obrigada a fugir com o Menino recém-nascido ao colo. Onde eles irão comer e dormir? Será que José tinha ao menos um pedaço de pão duro, recebido como esmola, para se alimentarem? José, Maria e o Menino, refugiados no Egito, estavam expostos aos ladrões e às feras, tão abundantes naquele mundo estranho.

Essa família sofreu por sete anos no Egito, em uma extrema pobreza. Eram estrangeiros, desconhecidos, sem renda, sem dinheiro e sem parentes. Por serem pobres, escreve São Basílio: "(...) era-lhes bem penoso conseguir o indispensável para passar a vida". Que essa experiência da Sagrada Família nos sirva de consolo e nos fortaleça nos momentos de penúria. Quão grande foi a aflição de Maria! Quão difícil foi a vida de Jesus ainda criança!

Lembra-nos Boaventura Baduário: "Jesus, quando regressou para a Judeia, tinha então sete anos, sendo grande demais para os braços de Maria, e ainda pequeno para vencer a pé tão longas estradas". Imitemos, pois, a Sagrada Família pela penitência e pelo desprendimento. José, Maria e Jesus recém-nascido viveram naquele período como fugitivos. Na terra, temos de viver como homens e mulheres peregrinos, isto é, sem apego aos bens que o mundo nos oferece. O Senhor nosso Deus nos criou para a eternidade.

Lembra-nos o Apóstolo Paulo: "Não temos aqui cidade permanente, mas procuramos a futura" (Hb

13,14). A esse respeito, acrescenta Santo Agostinho: "És um hóspede neste mundo; apenas o vês de passagem". Assim sendo, aprendamos com a Sagrada Família a abraçar as cruzes, porque sem elas não podemos viver neste mundo. Ninguém recebe alguma graça, sem antes experimentar algum tipo de padecimento. Quem traz consigo, com amor no coração, José, Maria e Jesus enfrentará, com a bravura de um guerreiro, todas as dificuldades deste mundo. Consolemos Maria, a Mãe amabilíssima, acolhendo no fundo do nosso coração Jesus, que hoje ainda continua a ser perseguido por nós pecadores.

Para refletir

Como você tem se comportado nos momentos de penúrias ou perdas? Você tem tido paciência? Atualmente, tem você vivido sua vida com desprendimento, sem apego aos bens temporais que o mundo lhe oferece a exemplo da Sagrada Família?

D.: Oremos com Santo Afonso a Maria, Mãe das Dores, dizendo:

T.: Assim, pois, ó Maria, nem depois de vosso Filho ter sido imolado pelos homens, que o perseguiram até à morte, cessaram esses ingratos de persegui-lo, com seus pecados, e de afligir-vos, ó Mãe dolorosa? E eu mesmo, ó meu Deus, não

tenho sido um desses ingratos? Ah! Minha mãe dulcíssima, impetrai-me lágrimas para chorar tanta ingratidão. E pelas muitas penas que sofrestes na fuga para o Egito, assisti-me com vosso auxílio na viagem que estou fazendo para a eternidade, a fim de que possa um dia ir amar convosco meu Salvador perseguido, na Pátria dos bem-aventurados. Amém.

D.: Em memória da segunda dor, das necessidades e dos temores que teve Maria, fugindo para o Egito, para se livrar das garras do ímpio rei Herodes, rezemos, humildemente, um Pai-nosso e sete Ave-Marias por todos os refugiados e imigrantes, no Brasil e no Mundo, e que se encontram em extrema pobreza. Com muito custo, os miseráveis conseguem se sustentar com o fruto de suas próprias fadigas. Esse sofrimento é ainda maior por causa do descaso e da indiferença de muitos de nós. Como é difícil viver como um desconhecido, andando pelas ruas e praças de nossa cidade, sem rendimentos, sem dinheiro, sem parentes, sem amigos, sem voz, sem vez, e, muitas vezes, sem um pedaço de pão para saciar a fome do filho que pede!

T.: Pai nosso...

T.: Ave, Maria...

3º DIA

Terceira dor: Maria procura Jesus perdido no Templo

Texto Bíblico (Lc 2,41-46)
"Os pais de Jesus iam todos os anos a Jerusalém para a festa da Páscoa. Quando ele tinha doze anos, subiram para lá, como era costume na festa. Passados os dias da festa, quando estavam voltando, ficou em Jerusalém o menino Jesus, sem que seus pais o notassem. Pensando que ele estivesse na caravana, fizeram o percurso de um dia inteiro. Depois o procuraram entre os parentes e conhecidos e, não o encontrando, voltaram a Jerusalém a sua procura. Depois de três dias o encontraram no Templo, sentado no meio dos doutores, ouvindo-os e interrogando-os."

Em um momento de distração, Maria, a Mãe cheia de zelo e ternura, perdeu a venturosa presença de seu amado Filho Jesus. Quão grande foram seu desespero, sua tristeza e sua dor. Padecimentos não faltaram em sua vida. No entanto, por estar sempre na companhia do Senhor seu Deus, não se deixou ser vencida pelos mais variados tipos de padecimentos. Maria, sendo um exemplo de perfeição, não foi poupada de nenhum sofrimento. Por conseguinte, nós, seus devotos, devemos admirar e imitar sua heroica paciência nos momentos mais dolorosos e aflitos de nossa vida. A perda de Jesus em Jerusalém foi um momento muito difícil e doloroso. Uma mãe amorosa, quando perde seu filho ou sua filha, naturalmente, entra em desespero e, não raramente, começa a se culpar pelo triste e doloroso fato acontecido. Maria, nesse momento, ficou totalmente cega e começou a procurar, desesperadamente, seu amado Filho, que havia se perdido.

A Mãe cheia de ternura não perdeu somente seu Filho Jesus, perdeu sua luz, sua referência e o sentido de sua vida. Recorda-nos Santo Afonso que "quem é cego de nascença pouco sente a privação da luz do dia. Mas quem já teve vista e gozou da luz muito sofre vendo-se dela privado pela cegueira". A terceira espada de dor, que transpassou o coração de Maria e dilacerou sua alma, não somente a feriu, como também a tirou da presença da luz, que é Jesus. Durante três intermináveis e dolorosos dias, ela se viu completamente cega. Tomada pela ansiedade e exausta de fadiga, já não sabia mais o que fazer para encontrar seu amado Filho. Quanto maior for meu amor, maior será também minha dor. Por três dias, tornou-se infinitamente miserável, porque ela havia perdido seu tesouro: Jesus. Por três dias, teve como alimento suas próprias lágrimas. Por três dias, a aflita Mãe não dormiu. Enquanto todos dormiam, a pobre Mãe, aflita e dolorosa, chorava, rogava e perguntava: onde está meu Filho? Nesse momento doloroso, recorria a Deus, para que ele a fizesse achar seu amado Filho perdido. Sem a luz, que é Jesus, Maria encontrou-se desnorteada e errante.

Quão grande foi a terceira dor dessa Mãe lastimosa. A ausência de Jesus feriu profundamente seu coração e sua alma. Sem a luz de seus olhos, seu caro menino Jesus, tornou-se uma Mãe inconsolável. Quem poderá consolar uma Mãe amorosa e cheia de ternura para com seus filhos? Por não saber o motivo da perda de Jesus, Maria sofreu ainda mais. Creio que suas perguntas foram estas e outras tantas: por que meu amado Filho se perdeu? Onde foi que eu errei? Porventura sou eu indigna de estar ao lado de meu Filho e tomar conta dele? Será que eu cometi alguma negligência que tenha dado motivo para sua partida? Não é fácil responder às perguntas feitas por mães aflitas e dolorosas. Nas outras dores, Maria não se queixou. Mas, nessa terceira dor, Maria não aguentou e queixou-se, dizendo amorosamente: "Filho, por que fizeste assim conosco? Olha que teu pai e eu te buscamos aflitos!" (Lc 2,48).

O que significam essas palavras? A censura de uma mãe aflita e agora aliviada, por ter encontrado seu filho, que por três dias se perdeu? Não, não há nenhuma censura nessas palavras da Mãe das Dores. Elas revelam tão somente a intensa dor que experimentou na ausência de seu amado Filho. Que as dores de Maria confortem todas as pessoas que se veem privadas das consolações e da suave presença do Senhor. Chorem, se quiserem. Não há mal nenhum em chorar. Mas chorem como Maria chorou a ausência de seu amado Filho, isto é, com paz e resignação. A vida humana é marcada por momentos de alegrias, sofrimentos e também por momentos de encontros e perdas. Não podemos nos permitir ser enganados quanto a isso. Por isso é fundamental que tenhamos sempre fé, principalmente nos momentos mais dolorosos de nossa vida. Podemos não ver o Senhor nosso Deus com os olhos. No entanto é importante que o sintamos em nosso coração.

Às vezes, o Senhor se esconde ou desaparece por alguns dias, como fez Jesus, para ser por nós procurado com maior amor e desejo. No entanto, nos dizeres de Santo Afonso, "quem quiser achar Jesus precisa procurá-lo não entre os prazeres e as delícias do mundo, porém entre as cruzes e mortificações, como Maria", que, quando encontrou Jesus, disse: "Nós te procuramos cheios de aflição" (Lc 2,48) Em todos os momentos de nossa vida, nas alegrias e nas tristezas, Jesus deve ser tudo para nós, deve ser nosso bem maior. Quem tem Deus sempre consigo, mesmo na perda da fortuna, filhos, saúde e honra, ainda assim será feliz. Verdadeiramente infelizes são aqueles que o perdem. Lembra-nos Santo Afonso que, "se Maria lamentou a perda do Filho, por três dias, quanto mais deveriam os pecadores chorar a perda da graça divina". Sem Deus, tudo o que possuímos é fumaça e aflição. E como há fumaça e aflição no mundo em que nós habitamos! Assim diz o Vulgato Agostinho: "Perdem um boi e não deixam de ir procurá-lo; perdem um jumento e não têm repouso. Entretanto descansam, comem e bebem, tendo perdido a Deus, o Sumo Bem"!

Para refletir

Por quem tem sido suas lágrimas? Maria aflita não dormiu por três noites. O que ou quem lhe tem tirado o sono, a tranquilidade? Tem você andado ou se comportado como alguém desnorteado? Por quê? Tem sofrido por causa da ausência de Jesus em sua vida? A quantas anda sua aridez espiritual?

D.: Oremos com Santo Afonso a Maria, Mãe das Dores, dizendo:

T.: Ó Virgem bendita, porque assim vos afligis, buscando o vosso Filho, como se não soubésseis onde ele está? Não vos recordais que está em vosso coração? Não sabeis que ele se compraz entre os lírios? Vós mesma o dissestes: "O meu amado é para mim e eu sou para ele, que se apascenta entre as açucenas" (Ct 2,16). Vossos pensamentos e afetos, tão humildes, tão puros, tão santos, são outros lírios que convidam o Divino Esposo a habitar em vós. Ah! Maria, vós suspirais por Jesus, vós que não amais senão a Jesus! Eu é que devo suspirar, eu e tantos pecadores que não o amamos e o temos perdido por nossas ofensas. Minha mãe amabilíssima, se por minha culpa vosso Filho ainda não tornou à minha alma, fazei que eu o ache de novo. Bem sei que ele se faz achar por quem o busca. Mas fazei que eu o procure como devo. Vós sois a porta pela qual se chega a Jesus, fazei que também eu chegue a ele por meio de vós. Amém.

D.: Em memória da terceira dor, da tristeza e perturbação que teve Maria, perdendo seu amado Filho, vindo do Templo de Jerusalém, rezemos, humildemente, um Pai-nosso e sete Ave-Marias por todas as mães que perderam seus filhos e que, ainda hoje, continuam a procurá-los, com a mesma aflição e esperança de Maria de um dia poder encontrá-los.

T.: Pai nosso...

T.: Ave, Maria...

4º DIA

Quarta dor: Maria encontra com Jesus caminhando para a morte

Texto Bíblico (Lc 23,26-29)
"Quando o levavam, detiveram certo Simão Cireneu, que voltava do sítio, e puseram a Cruz sobre ele, obrigando-o a levá-la atrás de Jesus. Seguia-o grande multidão de povo e de mulheres, as quais batiam no peito e o lamentavam. Voltando-se para elas, disse Jesus: 'Filhas de Jerusalém, não choreis por mim, mas chorai por vós mesmas e por vossos filhos, porque virão dias em que se há de dizer: Felizes as estéreis e felizes as entranhas que não geraram e os seios que não amamentaram!'"

Não é uma tarefa fácil medir o amor de uma mãe cheia de amabilidade. Essa tarefa, por sua vez, torna-se ainda mais difícil, quando se trata da medição da intensidade da dor. O amor que Maria sentia por seu amado Filho, por exemplo, faz-nos ajuizar que grande foi sua dor quando perdeu Jesus voltando do Templo de Jerusalém (cf. Lc 2,41-46). A dor de Maria, pelo fato de ter perdido seu amado Filho, era tão intensa que ela, na condição de Mãe amabilíssima, com certeza, culpou-se pelo triste fato acontecido, como fez a mulher cananeia, dizendo: "Senhor, tem compaixão de mim; minha filha está atormentada pelo demônio" (Mt 15,22). Maria amou profundamente seu Filho Jesus. Seu coração, pelo amor, estava ligado ao de Jesus. Ela era a serva de Deus (cf. Lc 1,38). E era, igualmente, a Mãe de Jesus. Quando o perdeu, entrou em um mar de dores.

E esse mar, por sua vez, tornou-se ainda mais caudaloso e revolto quando chegou a Paixão de Jesus. A quarta espada de dor que transpassou o coração de Maria, até atingir o fundo de sua alma, fê-la sofrer ainda mais. Quanto maiores forem a ternura e o amor de uma mãe por seu filho, maior será seu sofrimento. Inundados de lágrimas estavam seus olhos, ao ver chegar o momento da Paixão e Morte de seu belo amor. Creio que, nesse momento da aproximação da paixão e Morte de Jesus, um suor frio cobriu o corpo da Mãe das Dores. Assim nos diz as revelações de Santa Brígida:

"Finalmente chegou o dia marcado e Jesus despediu-se, chorando, de sua Mãe, antes de ir ao encontro da morte". O Ofício da Compaixão de Maria, que figura entre as obras de São Boaventura, assim descreve o procedimento da Santíssima Virgem Maria, na noite em que foi preso o Salvador: "Passastes em claro a noite, enquanto repousavam os outros". Assim nos diz o Livro das Lamentações: "Ela passa a noite a chorar amargamente, as lágrimas lhe correm pelas faces; ninguém a consola, entre todos os seus amados; todos os seus amigos a traíram, tornaram-se seus inimigos" (Lm 1,2).

A todo o momento Maria foi informada sobre os maus-tratos que Jesus sofreu na casa de Caifás, no palácio de Herodes; finalmente, ela foi informada sobre a decisão tomada pelo iníquo Pilatos de condenar Jesus à morte na Cruz. Os mesmos lábios de Pilatos, que reconheceram sua inocência, condenaram-no à morte de Cruz. João, o discípulo amado, disse para Maria, a Mãe das Dores, que seu amado Filho foi condenado à morte e com a Cruz sobre seu ombro foi levado para o Calvário para ser crucificado: "E, levando a Cruz aos ombros, saiu para aquele lugar que se chama Calvário" (Jo 19,17). Maria não se contentou em, tão somente, receber as notícias de seu amado Filho. Ela correu para a *Via-crúcis*, para vê-lo todo chagado e dar-lhe o último adeus. Muitas mães perderam seus filhos sem poder deles se despedirem, como assim o fizera a Virgem Maria. Quão doloroso foi seu encontro com seu amado Filho no caminho do Calvário.

Boaventura Baduário fala que Maria, a Mãe aflita e lagrimosa, tomou apressadamente um atalho, para ficar esperando em uma esquina da *Via-crúcis* seu Filho todo ferido e atribulado. Quando foi reconhecida como a Mãe do condenado a morrer no madeiro da Cruz, alguns judeus presentes a fizeram ouvir injúrias sobre seu amado Filho. Provavelmente, algumas pessoas presentes na *Via-crúcis* zombaram ou caçoaram dela dizendo: "Que tipo de mãe é você que permitiu que seu filho chegasse aonde chegou?" Geralmente, as mães são responsabilizadas pelos fracassos de seus filhos. Com Maria não foi diferente. Meu Deus! Que espada de dor transpassou seu coração. Entre risos, zombarias e gritos de ais, a Virgem não se deixou abater. Com coragem e determinação, ergueu os olhos para ver seu amado Filho, um homem na flor da idade, todo coberto de sangue e de chagas, da cabeça aos pés.

Como se isso não bastasse, Jesus trazia ao redor de sua cabeça uma coroa de espinhos e sobre seus ombros um pesado madeiro. Seu amado Filho estava quase irreconhecível. Assim diz o Profeta Isaías: "Vimo-lo, e não tinha parecença do que era" (Is 53,2). Mas Maria o reconheceu prontamente. A mãe amorosa jamais esquece a face do filho que um dia ela gerou em seu ventre. O amor materno, que transpassou seu coração no caminho do Calvário, encheu-a de coragem. Assim se lê em Santa Brígida: "O filho afastou dos olhos o sangue coalhado, que impedia a vista, então Mãe e Filho fitaram-se! Ó céus, que olhares cheios de dor! Transpassaram, como setas, esses dois corações que tanto se amavam e queriam". Recorda-nos Santo Afonso que "Margarida, filha de Tomás Morus, encontrando o pai que era levado ao cadafalso, apenas pôde exclamar duas vezes: Meu pai, meu pai! E caiu-lhe aos pés desmaiada". Com Maria foi diferente. Diz Santo Afonso que "Maria, à vista do Filho que caminhava para o Calvário, não desmaiou". Como nos diz Suárez: "Não era conveniente que a Mãe de Deus perdesse o uso da razão".

No entanto a dor que sentiu ao ver seu amado Filho, todo chagado, indo para o Calvário, causou-lhe um tormento maior do que mil mortes. Ela queria abraçar o Filho desfigurado, mas os algozes injuriosamente a repeliram. Quão grande é a dor de uma mãe quando impedida de ajudar seu amado filho. Maria, mesmo empurrada para longe e sendo brutalmente injuriada, seguiu-o até o Calvário. Lourenço Justiniano faz Jesus dizer as seguintes palavras: "Ó minha Mãe, não venhas comigo; aonde vais? Aonde pretendes ir? Se me acompanhares, serás atormentada pelo meu suplício, e eu pelo teu"! Mesmo diante da súplica de seu Filho Jesus, a amorosa Mãe não quis abandoná-lo.

Mesmo sabendo que a morte de Jesus iria lhe causar uma enorme e amarga dor, "Maria foi logo atrás para ser com Jesus crucificada", diz Guilherme, abade. Atualmente, nós nos compadecemos até mesmo das feras. Mas podemos não nos apiedarmos das mães e de outras tantas pessoas que sofrem dores amargas e profundas, por causa da perda de seus filhos e outros entes queridos. Participemos, pois, da dor de Maria e de todas as pessoas que sofrem. Carreguemos também, igualmente, a exemplo de Jesus e Maria, as cruzes que a vida nos impõe a cada dia. Lembra-nos São João Crisóstomo que "só a Cruz de Jesus não bastará para nossa salvação, se não carregarmos também nossa Cruz com resignação até à morte".

Para refletir

Por qual motivo ou razão você tem chorado? Como você tem se comportado diante do sofrimento? Qual é a extensão de sua dor? Diante dela, tem perdido a razão e o sentido para continuar vivendo? Tem carregado sua Cruz com resignação? Maria, à vista do Filho que caminhava para o Calvário, não desmaiou. E você? Como tem se comportado diante do sofrimento de um filho ou uma filha ou de algum outro(a) ente querido(a)?

D.: Oremos com Santo Afonso a Maria, Mãe das Dores, dizendo:

T.: Ó minha Mãe dolorosa, pelo merecimento da dor que sentistes, vendo vosso amado Jesus conduzido à morte, impetrai-me a graça de também levar com paciência as Cruzes que Deus me envia! Feliz serei, se souber acompanhar-vos com minha Cruz até à morte. Vós e Jesus, que éreis inocentes, carregastes uma Cruz tão pesada, e eu, pecador, que tenho merecido o inferno, recusarei carregar a minha? Ah! Virgem imaculada, de vós espero socorro para sofrer com paciência todas as cruzes. Amém.

D.: Em memória da quarta dor, da amargura que teve Maria encontrando seu amado Filho, com a pesada Cruz às costas, rezemos humildemente um Pai-nosso e sete Ave-Marias por todas as pessoas que sofrem e, particularmente, pelas mães que perderam a razão e o sentido da vida, por causa de seus sofrimentos pessoais ou por causa dos sofrimentos de seus filhos.

T.: Pai Nosso...

T.: Ave, Maria...

5º DIA

Quinta dor: Maria junto à Cruz de seu Filho

Texto Bíblico (Jo 19,25-27)
"Junto à Cruz de Jesus estavam de pé sua mãe, a irmã de sua mãe, Maria, mulher de Cléofas, e Maria Madalena. Jesus vendo sua mãe e, perto dela, o discípulo que amava, disse a sua mãe: 'Mulher, eis aí teu filho'. Depois disse ao discípulo: 'Eis aí tua mãe'. E desta hora em diante, o discípulo acolheu-a consigo."

Maria assistiu, sem esmorecer, à agonia de seu Filho na Cruz. O que nós temos aqui? Temos uma mãe sendo martirizada, não no corpo, mas no fundo da alma, condenada a ver morrer diante de seus olhos, em meio a insultos e blasfêmias, seu Filho inocente (cf. Jo 18,38). Grande foi a dor de Maria ao permanecer de pé junto à Cruz (cf. Jo 19,25), contemplando o martírio de seu Filho moribundo. Será que há dor semelhante a essa? A quinta espada que transpassou seu coração e sua alma, isto é, a morte de Jesus, foi pontiaguda e muito longa. No Calvário, ela viu seu Filho sendo despojado de suas vestes e viu transpassarem-lhe as mãos e os pés os cravos, não agudos, mas obtusos, para maior aumento de suas dores. Depois que os algozes crucificaram Jesus, elevaram e fixaram a Cruz e o abandonaram à morte. "Abandonaram-no os algozes, mas não o abandonou Maria", diz Santo Afonso.

Diante da agonia do Filho, ela não se afastou um minuto sequer do madeiro da Cruz. No Calvário, estava crucificada juntamente com seu amado Jesus. Estava pouco se importando com o que as pessoas estavam dizendo sobre ela, a Mãe do condenado a morrer na Cruz. Seu coração estava todo chagado e voltado, tão somente, para sentir toda a dor que seu amado Filho sentia naquele momento. Não raramente, as dores dos filhos são, igualmente ou até mais, as dores da mãe cheia de compaixão. Maria é Mãe verdadeira. Seu coração, no Calvário, estava transbordando de dor, mas também de amor, ternura e compaixão. Seu amor era tanto que a vergonha e o horror da Cruz não foram suficientes para afastá-la. Ela quis e assistiu até o fim ao doloroso espetáculo. Na Cruz, agonizando até a morte, estava Jesus. Junto à Cruz agonizava Maria, a Mãe toda compadecida das penas de seu amado Filho.

O estado de Jesus na Cruz era lastimoso. Conta-se que Maria revelou isso para Santa Brígida: "Estava meu Jesus pregado ao madeiro, saturado de tormento e agonizante. Seus olhos encovados estavam quase cerrados e extintos; os lábios pendentes e aberta a boca; as faces alongadas, afilado o nariz, triste o semblante. Pendia-lhe a cabeça sobre o peito; seus cabelos estavam sujos de sangue, o ventre unido aos rins, os braços e as pernas inteiriçados, e todo o resto do corpo coalhado de chagas e de sangue". Todas as chagas do corpo de Jesus, o Cordeiro Divino, encontravam-se no coração de sua amada Mãe. Mãe e filho sofrendo as mesmas dores. O coração de Maria era semelhante a uma peneira, todo perfurado pelas chagas de seu amado Filho. Aqueles que estavam presentes no Calvário, diz Arnoldo de Chartres, "viram dois altares onde se consumavam dois grandes sacrifícios: um era o corpo de Jesus, outro era o coração de Maria". Porém as palavras de São Boaventura nos declaram que no Calvário "só havia um altar: a Cruz do Filho onde a Mãe era sacrificada juntamente com o Cordeiro Divino".

Maria, a Mãe amabilíssima e cheia de compaixão, estava pregada na mesma Cruz, imolando-se juntamente com seu amado Filho. Assim nos assevera o Pseudo-Agostinho: "A Cruz e os cravos feriram ambos, o Filho e a Mãe; juntamente com o primeiro foi também crucificada a segunda". Ainda, sobre a unidade da Mãe com o Filho agonizante no madeiro da Cruz até a morte, diz o Vulgato Bernardo: "O que faziam os cravos no corpo de Jesus operava o amor no coração de Maria". De modo que, "enquanto o Filho sacrificava o corpo, a Mãe sacrificava a alma", diz São Bernardino. Maria não pôde aliviar os sofrimentos de seu Filho no madeiro da Cruz. No entanto ela não o abandonou. Permaneceu ao lado daquele que estava todo chagado e tomado de agonia. As mães amorosas e tomadas de compaixão não fogem da presença dos filhos moribundos. A mãe amorosa, a exemplo de Maria, quando é obrigada a assistir a um filho em agonia, segundo, Santo Afonso, "procura dar-lhe todo alívio possível. Ajeita-o na cama, para que fique mais a gosto, e dá-lhe algum refresco. Desse modo a pobrezinha da mãe vai disfarçando sua dor".

Maria, a Mãe de todas a mais aflita, pôde assistir a Jesus moribundo. No entanto não pôde dar-lhe nenhum alívio. Ela ouviu seu Filho dizer que estava com sede (Jo 19,28). No entanto não pôde dar para ele um pouco de água sequer para saciá-la. São Vicente Ferrer diz que Maria disse para seu Filho sedento: "Meu Filho, tenho tão somente a água de minhas lágrimas". Ela o queria abraçar e consolar. Queria tirar os cravos obtusos que o prendiam naquele leito de dores. Queria ter feito tanta coisa para Ele! No entanto nada pôde fazer senão permanecer "junto à Cruz de pé" (Jo 19,25). Jesus estava mergulhado em um mar de angústias. Não havia ninguém para confortá-lo. Diz o Profeta Isaías: "Eu calquei o lagar sozinho... Eu olhei em roda e não havia auxiliar; busquei e não houve quem me ajudasse" (Is 63,3.5). Entre os homens, não encontrou nenhum conforto. Mesmo na Cruz, uns blasfemaram dele e outros o escarneceram: "E os que iam passando blasfemavam dele" (Mt 27,39).

Outros lhe diziam: "Se és Filho de Deus, desce da Cruz" (Mt 27,40). Outros o desafiavam dizendo: "Salvou a todos e a si mesmo não se pode salvar... Se é rei de Israel, desça agora da Cruz" (Mt 27,42). Além disso, nos dizeres de Santo Afonso, Maria revelou a Santa Brígida dizendo: "Ouvi alguns dizerem que meu Filho era um ladrão; outros, que era um impostor; outros, que ninguém merecia tanto a morte como ele. Esses insultos eram para mim espadas de dor". Essas queixas contra Jesus feriram profundamente seu coração. Essa dor tornou-se ainda mais intensa quando ela, "junto à Cruz de pé" (Jo 19,25), ouviu seu amado Filho, tomado de agonia e dor, queixar-se: "Meu Deus, meu Deus, por que me desamparastes"? (Mt 27,46). Isso calou profundamente no coração e em sua alma. Naquele momento, a aflita Mãe viu seu amado Filho atormentado por todos os lados. O fato de não poder fazer nada para aliviar Jesus de suas dores deixou Maria muito arrasada. O sofrimento de

Jesus foi mais intenso do que o sofrimento de sua amada Mãe ao vê-la "junto à Cruz de pé" (Jo 19,25). Junto à Cruz estava Maria, a Mãe muda de dor. Passino disse que Jesus se revelou ao Bem-aventurado Batista Varano de Camerino "que nada o fez sofrer tanto como a comiseração de sua Mãe ao pé da Cruz, e que por isso morreu sem consolação".

Ao pé da Cruz, Maria, nossa Mãe espiritual, permaneceu toda lagrimosa e silenciosa. No meio de tanta dor, ela não blasfemou, não se queixou nem mesmo se lamentou. Seus lábios guardaram naquele momento doloroso o mais profundo silêncio. No entanto, não podemos dizer a mesma coisa do coração da Mãe das Dores. Enquanto os lábios de Maria silenciavam, "seu coração não cessava de oferecer à Divina Justiça a vida do Filho por nossa salvação", diz Santo Afonso. No Calvário, o coração de Maria era semelhante a um mar de mágoas. Que palavra ou gesto podiam consolar o coração daquela aflita Mãe que se encontrava junto à Cruz de pé? (cf. Jo 19,25). Do alto da Cruz, veio o conforto para Maria, a Mãe desconsolada. Diz Santo Afonso que o próprio Jesus revelou a Santa Brígida dizendo: *"Minha Mãe tornou-se Mãe de todos no céu e na terra, por sua compaixão e seu amor. Com efeito, outro sentido não tinham as palavras com que Jesus se despediu de sua Mãe"*. Jesus nos deu a Maria, sua amada Mãe, como filhos dizendo: "Mulher, eis o teu filho". Depois disse ao discípulo: Eis aí tua mãe" (Jo 19,26-27). Assim sendo, a Santíssima Virgem Maria, a Mãe amabilíssima, continuará sempre a exercer esse ofício de Mãe desvelada.

Para refletir

Como você tem se comportado diante do sofrimento e morte de seus entes queridos? No cotidiano de sua vida, como você tem lidado com as perdas e decepções? Diante do sofrimento alheio, você tem se comportado com sentimentos de pesar, com total indiferença ou com compaixão? Tem provocado sofrimento ou alívio na vida das pessoas que cercam você?

D.: Oremos com Santo Afonso a Maria, Mãe das Dores, dizendo:

T.: Ó aflitíssima entre todas as mães, morreu, pois, vosso Filho tão amável e que tanto vos ama. Chorai, que bem razão tendes para chorar. Quem poderia vos consolar jamais? Só pode dar-vos algum lenitivo o pensar que Jesus com sua morte venceu o inferno, abriu aos homens o paraíso, que lhes estava fechado, e fez a conquista de tantas almas. Do trono da Cruz, Ele reinará sobre tantos corações que, pelo amor vencidos, o servirão com amor. Dignai-vos, entretanto, ó

minha Mãe, consentir que me conserve a vossos pés, chorando convosco, já que eu, pelos meus grandes pecados, tenho mais razão de chorar que vós. Ah! Mãe de Misericórdia, em primeiro lugar pela morte de meu Redentor, e depois pelo merecimento de vossas dores, espero o perdão e a salvação eterna. Amém.

D.: Em memória da quinta dor, da agonia que teve Maria por ver morrer seu Filho crucificado entre ladrões, rezemos, humildemente, um Pai-nosso e sete Ave-Marias por todas as pessoas que sofrem e que se encontram abandonadas, sem a presença de alguém para lhes aliviar as dores e os sofrimentos. Rezemos também pelas mães que, a exemplo de Maria, incansavelmente, desdobram-se para aliviar as aflições e as dores de seus filhos.

T.: Pai Nosso...

T.: Ave, Maria...

6º DIA

Sexta dor: A lançada e a descida de Jesus da Cruz

Texto Bíblico (Mt 27,57-61)
"Ao cair da tarde, veio um homem rico de Arimateia, chamado José, que também se havia tornado discípulo de Jesus. Foi até Pilatos e pediu-lhe o corpo de Jesus. Pilatos mandou que lho entregassem. José tomou o corpo, envolveu-o num lençol limpo e o depositou em seu sepulcro novo, que tinha mandado abrir na rocha. Depois rolou uma grande pedra à entrada do túmulo e retirou-se. Estavam sentadas ali, em frente ao sepulcro, Maria Madalena e a outra Maria".

Aquele que estava vivo não está mais vivo. Jesus, o Cordeiro Divino, foi imolado no altar da Cruz. Não há dor semelhante à de Jesus no madeiro da Cruz. Maria, em pé junto à Cruz, estava inconsolada. Não havia na terra consolação que a confortasse. Quão grande foi sua dor ao ver seu amado Filho ser arrebatado com tanta crueldade. Aquele que era todo amor foi tratado com extremo ódio e violência. O desconsolo de Maria, a Mãe das Dores, foi ainda maior, quando ela viu o cruel e incrédulo soldado transpassar o lado de vosso amado Filho, já sem vida (cf. Jo 19,34). Quanta crueldade nós, seres humanos, somos capazes de fazer! Esse gesto de extremo desrespeito e violência rasgou seu coração e sua alma. Depois que tiraram Jesus do madeiro da Cruz, depositaram-no nos braços trêmulos de sua amada Mãe. Estamos na sexta dor da pobre e desconsolada Maria. Ela contempla seu Filho morto e o envolve com seu amor e com sua ternura.

Depois ela o lava com suas lágrimas de piedade. Nesse momento, todas as outras espadas de dores se juntaram e dilaceraram seu coração e sua alma. Lembra-nos Santo Afonso que "basta dizer a uma mãe que seu filho morreu, para toda inflamá-la o amor ao filho que a deixou". Quantas mães, hoje, como Maria, encontram-se atribuladas com a perda de algum filho que a deixou. Não é fácil consolar uma mãe atribulada por causa da morte de seu amado filho. Quão dolorosa é para uma mãe amorosa a perda de um filho, seja ele quem for. Jesus, nosso amado Redentor, não morreu em vão no altar do madeiro da Cruz.

Suas chagas são para nós fontes de salvação. Elas permanecem abertas no corpo de Jesus, como refúgios para todos nós que a ele recorrermos com fé.

Sobre a dolorosa e desrespeitosa cena do lanceamento nos diz o Evangelista São João: "Para que os corpos não ficassem na Cruz durante o sábado, porque era dia da Preparação da Páscoa, e esse sábado era um dia solene, os judeus pediram a Pilatos que se lhe quebrassem as pernas e fossem retirados. Vieram, pois, os soldados e quebraram as pernas do primeiro e do outro, que tinham sido crucificados com Jesus. Chegando, porém, a ele, vendo que já estava morto, não lhe quebraram as pernas, mas um dos soldados abriu-lhe o peito com uma lança, e imediatamente saiu sangue e água" (Jo 19,31-34). Quanta maldade, quanta violência e quanto desrespeito! Mesmo morto, ele continua sendo insultado e desrespeitado. Maria ficou inconformada com o gesto cruel do incrédulo soldado. Ela estava chorando a morte de Jesus. Tomada pela dor, foi obrigada a assistir aos algozes se aproximando de seu Filho, já morto.

Ela ficou atormentada. Seu Filho já estava morto. O que eles queriam ainda fazer com ele? Creio que Maria, como qualquer outra mãe aflita e atormentada, gritou em vão: "Deixem meu Filho em paz, deixem de ultrajá-lo". De repente, "um dos soldados abriu com sua lança o lado de Jesus, e imediatamente saiu sangue e água" (Jo 19,34). Esse golpe de lança fez a Cruz tremer e dividiu em dois o coração de Jesus, o Divino Cordeiro. Quando foi golpeado fortemente pela lança do incrédulo soldado, já estava morto. Assim sendo, essa dor quem realmente a sentiu foi Maria. O coração de Jesus foi transpassado por uma espada de aço, e o coração de Maria, a aflita Mãe, foi transpassado até o fundo de sua alma por uma longa e pontiaguda espada de dor. Por que essa sexta espada feriu profundamente o coração e alma da Virgem Maria? Isso se deu porque ela morava no coração de seu amado Filho, nosso Redentor.

Depois da dolorosa cena do lanceamento, a Mãe dolorosa recebeu nos braços o Filho sem vida. Mais tarde, José de Arimateia foi ter com Pilatos, expôs-lhe a dor e o desejo de Maria de preservar o corpo sem vida de Jesus dos ultrajes dos Judeus (cf. Mt 27,57-61). Segundo o Pseudo-Anselmo, "Pilatos, compadecendo-se da Mãe, concedeu-lhe o corpo do Redentor". Triste Maria! Ela nos deu seu Filho com tanto amor, e nós o devolvemos para ela sem vida. Seu querido Filho está morto em seus braços, todo chagado. Jesus era belo! Agora ele está todo desfigurado! Sua aparência causa horror em quem o vê. Diz São Boaventura: "Quantas espadas feriram a alma dessa Mãe, quando em seus braços depuseram o Filho descido da Cruz"! O sofrimento de Maria foi indizível. Os cravos obtusos foram, um por um, arrancados e entregues a Maria. Depois ela ergueu os braços para seu Filho morto, abraçou-o toda lagrimosa e sentou-se aos pés da Cruz, com o Filho no colo, contemplando-o toda interrogativa.

Maria contempla a boca do Filho aberta e seus olhos obscurecidos, examina o corpo de seu amado Filho, rasgado pelas chagas, e os ossos descobertos. Jesus está todo chagado. Sua cabeça, seus pés, suas mãos e o lado encontram-se transpassados. A maldade dos homens dilacerou seu corpo. Que mal nos fez Jesus para ser assim tratado por nós? O tudo de Maria tornou-se infinitamente nada. O tudo de Maria, Jesus, está morto. Ele não fala mais. Os cravos, a coroa de espinhos, a lança e outros instrumentos do martírio atormentaram Jesus até a morte. No entanto nenhum instrumento o feriu mais do que a maldade e a impiedade dos homens. Jesus foi maltratado e crucificado por causa de nossos pecados. Será que realmente temos consciência disso? O que aconteceu no monte Calvário precisa realmente ser levado a sério por nós prevaricadores (cf. Is 46,8). Maria, a Mãe das Dores, quer que nós pecadores voltemos para o Coração dilacerado de Jesus e nos arrependamos de nossos pecados.

Maria, nossa advogada no tribunal celeste, quer que nós fujamos de Jesus Juiz e nos aproximemos de Jesus Redentor. Revela-nos Santa Brígida que Maria, a Mãe das Dores, disse para ela que, "quando desceram seu Filho da Cruz, ela lhe cerrou os olhos, mas não pôde fechar os braços. Jesus dava assim a entender que seus braços hão de ficar sempre abertos para acolher todos os pecadores arrependidos". Jesus, o amado Filho de Maria, sofreu até a morte, e morte de Cruz, por amor a nós. Ele quis nos dar essa prova irrefutável de seu amor por nós. São Boaventura diz que "o Coração de Jesus foi ferido, a fim de nos mostrar pela chaga visível seu amor invisível". O lado de Jesus foi aberto pela desapiedada lança do incrédulo soldado, no alto do Calvário, para nos ensinar que também nosso coração deve sempre estar aberto e verter abundantemente a Fé, a Esperança e a Caridade. Estimados filhos de Maria, "se quiserem achar sempre um lugar no Coração de Jesus, sem receio de repulsa, ide a ele juntamente com Maria, por quem alcançareis tal graça", exorta-nos Hubertino de Casale.

Para refletir

Tem você, diante de uma determinada dor, permitido que seu coração seja consolado? Como tem se comportado diante da cruel dor que lhe vem da perda de um ente querido? Sente-se estremecido(a) e ultrajado(a) pelo terror e pela desesperança? O que ultimamente tem atormentado seu coração? Sente-se uma pessoa desolada?

D.: Oremos com Santo Afonso a Maria, Mãe das Dores, dizendo:

T.: Ó Virgem dolorosa, ó alma grande pelas virtudes e também pelas dores, pois que ambas nascem do grande incêndio do amor que tendes a Deus, o único objeto amado por vosso coração. Ah! Minha Mãe, tende piedade de mim, que não tenho amado a Deus e tanto o tenho ofendido. Vossas dores me enchem de grande confiança e me fazem esperar o perdão. Mas isso não me basta; quero amar a meu Senhor. E quem me pode alcançar essa graça melhor que vós, que sois a Mãe do belo amor? Ah! Maria, a todos consolastes, consolai também a mim. Amém.

D.: Em memória da sexta dor, da angústia que teve Maria quando baixaram o corpo de seu Filho da Cruz e lhe puseram em seus braços, rezemos humildemente um Pai-nosso e sete Ave-Marias por todas as pessoas que perderam seus entes queridos e que ainda se sentem desoladas e inconsoláveis. Rezemos, particularmente, por todas as mães, que a exemplo de Maria se sentem desoladas e inconformadas com a morte de seus filhos ou de suas filhas, para que elas encontrem o devido consolo e recuperem o sentido de sua vida.

T.: Pai Nosso...

T.: Ave, Maria...

7º DIA

Sétima dor: Maria deposita no sepulcro o corpo de Jesus

Texto Bíblico (Jo 19,40-42a)

"Tomaram o corpo de Jesus e o envolveram em panos com os aromas, como os judeus costumam sepultar. No lugar em que ele foi crucificado, havia um jardim e, no jardim, um sepulcro novo, no qual ninguém ainda havia sido depositado. Foi ali que colocaram Jesus, por causa da Preparação dos judeus, pois o sepulcro ficava perto".

Incontestavelmente, foi a dor de Maria que se fez presente nos sofrimentos, na morte e no sepultamento de seu amado Filho. À beira do sepulcro, um turbilhão de pensamentos passou por sua cabeça. Dentre esses revoltos pensamentos, aquele de que ela nunca mais veria, neste mundo, seu Filho Jesus, nosso amado Redentor. Ter de deixá-lo na fria e escura sepultura causou uma dor que excedeu todas as outras dores. A sepultura de Jesus, que hoje vamos meditar, foi a sétima e última espada de dor que transpassou seu coração e sua alma. À beira do sepulcro estava Ela, a Mãe desolada e toda chagada, na companhia de seu Filho morto. Quanta dor! Que triste e difícil foi essa despedida! Ela dirigiu-se ao Pai e encomendou-lhe seu amado Filho Jesus, que, por sua vez, também era o Filho amado de Deus. Toda despedida, em si mesma, é muito dolorosa, mas essa à beira do sepulcro é ainda mais, por causa da mentalidade que temos de que não mais veremos, neste mundo, aqueles que, um dia, tanto amamos.

Com Maria não foi diferente. Ela viu seu Filho morrer no madeiro da Cruz. Depois, ela o recebeu morto em seus braços. E agora, finalmente, ela é obrigada a deixá-lo no sepulcro. A desolada Mãe precisa deixar o sepulcro e voltar para sua casa. Precisa recuperar o curso de sua vida. No entanto não mais poder gozar da presença física de seu amado Filho Jesus causou uma dor insuportável, que excedeu todas as dores existentes. No sepulcro, encontrava-se o corpo imóvel, frio e todo chagado de Jesus. Na cabeça de Maria, encontravam-se indagações profundas sobre tudo o que tinha acontecido com seu amado Filho. Já, em seu coração de Mãe amorosa, palpitavam sentimentos de saudades e muitas lembranças. Maria, a Mãe desolada, recordava a beleza, a ternura, a graça e as virtudes de Jesus. A saudosa Maria recordava as amáveis maneiras, o amor e os favores singulares, que Jesus lhe dispensava. Quanto maior for o amor, igualmente maior será, por sua vez, a dor. Com a morte de Jesus, Maria perdeu tudo. Não lhe sobrou, absolutamente, nada. Sobrou-lhe, tão somente, lembranças.

Ela foi uma mulher determinada e uma mãe muito forte. Depois de um dia inteiro de flagelos e interrogatórios sem-fim, ainda encontrou forças para acompanhar seu amado Jesus. A caminhada até sua sepultura aumentou, ainda mais, suas dores. A pobre Mãe estava toda tomada pelo sofrimento. Na sepultura, dois corações foram sepultados: o coração do Filho e o coração de Maria. Ambos estavam transpassados por afiadas espadas. Jesus foi sepultado sem vida. Maria, ao contrário de seu amado Filho, foi sepultada viva. Quão grande foi sua dor quando viu o sepulcro de seu amado Filho ser fechado com a pesada pedra. No canto da sepultura, foram colocados os cravos e a coroa de espinhos. Maria contemplou toda a cena, com toda a sua atenção, e deu a seu Filho o adeus derradeiro. O coração de Maria foi deixado com seu amado Filho no sepulcro. Lembra-nos o Vulgato Fulgêncio que o "desejo ardente de Maria era de sepultar também sua alma com o Filho".

O corpo de Jesus, como um precioso tesouro, foi depositado no seio da terra. O tesouro de Maria, que é Jesus, foi sepultado. Junto dele, estava também o coração de Maria, cheio de ternura e amor pelo Filho sem vida. Nesse momento, cumpriram-se as palavras do Evangelista São Lucas: "Porque onde está vosso tesouro, aí está também vosso coração" (Lc 12,34). Onde está depositado nosso coração? No mundo? Nas criaturas deste mundo? Ou em Jesus? O Jesus, que passou nove meses no ventre de Maria, encontra-se agora no sepulcro trancado por uma pesada pedra. Ele foi todo o bem de Maria. Ele foi todo o seu amor. No entanto, cheia de fé, segundo Santo Afonso, "Maria dirigiu-se ao Pai Eterno e rezou com toda a sua força dizendo: Meu Pai, a vós encomendo este Filho, que é vosso e meu". Depois que Maria se despediu de seu Filho sepultado, voltou para sua casa. Estava muito triste e aflita. Por onde ela passava, ia despertando lágrimas nas pessoas, que a viam passar tão cheia de dores. Segundo Santo Afonso, os "santos discípulos e as santas mulheres choravam mais por causa de Maria do que sobre a perda do Mestre".

Dizem que, antes de voltar para sua humilde casa, quis Maria dar uma última olhada na Cruz, que ainda se encontrava banhada com o sangue de seu Jesus. Maria, a Mãe das Dores, ao contemplar o madeiro da Cruz todo ensanguentado, não mais o vê como um madeiro infame. Ao contrário, segundo Santo Afonso, *"Maria vê a Cruz como o trono do amor e o altar da misericórdia, consagrado com o sangue do divino cordeiro, sacrificado em seus braços pela salvação do mundo"*. Em casa, Maria não vê mais seu Jesus. Agora só lhe restam as lembranças. Maria, a Mãe saudosa e dolorosa, recorda seu amado Jesus deitado no pobre presépio de Belém, as conversas que eles tiveram ao longo dos anos. Recorda as trocas de olhares e também os cravos, a coroa de espinhos, as carnes dilaceradas de seu amado Filho e também suas chagas tão profundas, seus ossos tão descarnados, sua boca semiaberta e seus olhos apagados, sem brilho algum. Para cada lembrança uma lágrima saudosa e dolorosa. Maria chorou de tanto amor que tinha por Jesus, seu amado Filho. E nós, por que ou por quem estamos chorando?

Para refletir

Como ser humano você tem consciência de sua finitude e também da finitude de seus entes queridos? A morte é para você um acontecimento apavorante? Caso tenha perdido alguém muito querido, você conseguiu abandonar a sepultura? Sente-se, igualmente, sepultado com seu ente querido? Diante da saudade, quais são as lembranças que ainda norteiam fortemente sua vida?

D.: Oremos com Santo Afonso a Maria, Mãe das Dores, dizendo:
T.: Ó minha dolorosa, não vos quero deixar chorando sozinha. Quero acompanhar-vos com minhas lágrimas. Esta graça hoje vos peço: obtende-me uma contínua memória com uma terna devoção à Paixão de Jesus e à vossa, para que os dias que me restam de vida não me sirvam senão para chorar vossas dores, ó minha Mãe, e as de meu Redentor. Essas vossas dores, espero eu, na hora de minha morte, me hão de dar coragem, força e confiança para não desesperar à vista do muito que ofendi ao meu Senhor. E elas me hão de impetrar o perdão, a perseverança e o paraíso, onde espero, depois, alegrar-me convosco e cantar as misericórdias infinitas de meu Deus, por toda a eternidade. Assim o espero, assim seja. Amém.
D.: Em memória da sétima dor, da soledade que teve Maria, ficando sem Filho, nem vivo nem ainda morto, rezemos humildemente um Pai-nosso e sete Ave-Marias por todas as pessoas que perderam seus entes queridos. Rezemos, particularmente, por todas as mães, para que elas, a exemplo de Maria, encontrem nesta terra consolo para suas dores.
T.: Pai Nosso...
T.: Ave, Maria...

Fontes bibliográficas

Afonso Maria de Ligório, Santo. Glórias de Maria: com indicação e orações para dois meses marianos / Santo Afonso Maria de Ligório; versão da 11ª edição italiana pelo Pe. Geraldo Pires de Sousa. 3ª ed. Aparecida, SP: Editora Santuário, 1989, p. 370-408.

Bíblia de Aparecida. 3ª impressão. Aparecida, SP: Editora Santuário, 2019.

JOHNSTONE, Brian, C.Ss.R. *Maria*. In: WALES, Sean; BILLY, Dennis. *Dicionário de Espiritualidade Redentorista*. 1ª ed. Tradução, José Raimundo Vidigal. Goiânia: Scala Editora, 2012, p. 169-171.

Piedosas e Solenes Tradições de nossa terra. In: *Setenário das Dores de Maria*, p. 45-53.

ÍNDICE

Este livro foi composto com as famílias tipográficas Segoe Ui e Source Sans e impresso em papel Offset 75g/m² pela **Gráfica Santuário.**